Impressum
Verlag: BABADADA GmbH, Nedderfeld 112 , 22529 Hamburg
Geschäftsführer / Verlagsleitung: Harald Hof
Druck: Books on Demand GmbH, In de Tarpen 42, 22848 Norderstedt

Imprint
Publisher: BABADADA GmbH, Nedderfeld 112 , 22529 Hamburg, Germany
Managing Director / Publishing direction: Harald Hof
Print: Books on Demand GmbH, In de Tarpen 42, 22848 Norderstedt

בית ספר

škola

כיתה
třída
חילק
dělit
186/2
לוח
tabule
školní hřiště
מורה
učitel
נייר
papír
כתב
psát
עט
pero
שולחן עבודה
psací stůl
סרגל
pravítko
ספר
kniha
תלמיד
žák

ילקוט

aktovka

קלמר

penál

עיפרון

tužka

מחדד

ořezávátko

גומי מחיקה

guma

חוברת סרטוט

blok na kreslení

2

סרטוט

výkres

מברשת

štětec

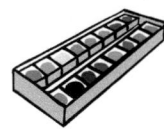

קופסת צבעים

malířské potřeby

מספריים

nůžky

דבק

lepidlo

ספר תרגול

cvičebnice

שיעור בית

domácí úkol

12

מספר

počet

2+2

חיבר

sčítat

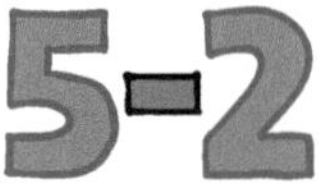

5-2

חיסר

odčítat

2×2

הכפיל

násobit

חישב

počítat

A

אות

písmeno

ABCDEFG
HIJKLMN
OPQRSTU
VWXYZ

אלפבית

abeceda

hello

מילה

slovo

טקסט

text

קרא

číst

גיר

křída

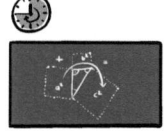

שיעור

hodina

יומן נוכחות

třídní kniha

מבחן

zkouška

תעודה

vysvědčení

תלבושת בית ספר

školní uniforma

חינוך

vzdělání

אנציקלופדיה

encyklopedie

אוניברסיטה

univerzita

מיקרוסקופ

mikroskop

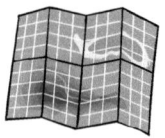

מפה

karta

סל נייר

odpadkový koš na papír

מלון
hotel
הוסטל
ubytovna
המרת מטבע
směnárna
מזוודה
kufr
אוטו
auto

שפה
jazyk

כן / לא
ano / ne

בסדר
oukej

שלום
Ahoj!

מתרגם
překladatel

תודה
děkuji

כמה עולה.....?

Kolik stojí...?

אני לא מבין

nerozumím

בעיה

problém

ערב טוב!

Dobrý večer!

בוקר טוב!

Dobré ráno!

לילה טוב!

Dobrou noc!

להתראות

na shledanou

כיוון

směr

כבודה

zavazadlo

תיק

taška

תרמיל גב

batoh

אורח

host

חדר

pokoj

שק שינה

spací pytel

אוהל

stan

מרכז מידע לתיירים

turistické informace

חוף ים

pláž

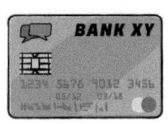

כרטיס אשראי

kreditní karta

ארוחת בוקר

snídaně

ארוחת צהריים

oběd

ארוחת ערב

večeře

כרטיס

jízdenka

מעלית

výtah

בול

poštovní známka

גבול

hranice

מכס

clo

שגרירות

poselství

אשרה

vízum

דרכון

pas

תחבורה

transport

מטוס
letadlo
אונייה
loď
כבאית
hasičský vůz
אוטובוס
autobus
משאית
nákladní vůz
סירת מנוע
motorový člun
אופניים
kolo
אוטו
auto

מעבורת

přívoz

סירה

člun

אופנוע

motorka

ניידת משטרה

policejní auto

מכונית מרוץ

závodní auto

רכב שכור

pronajaté auto

מכוניות בשיתוף

sdílení aut

אוטו גרר

odtahová služba

משאית זבל

popelářský vůz

מנוע

motor

דלק

palivo

תחנת דלק

čerpací stanice

תמרור

dopravní značka

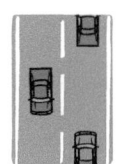

תנועה

doprava

פקק תנועה

dopravní zácpa

חניה

parkoviště

תחנת רכבת

vlakové nádraží

פסי רכבת

koleje

רכבת

vlak

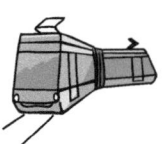

רכבת קלה

tramvaj

קרון

vagón

מסוק

helikoptéra

שדה-תעופה

letiště

מגדל

věž

נוסע

pasažér

קונטיינר

kontejner

קרטון

kartón

עגלה

trakař

סל

koš

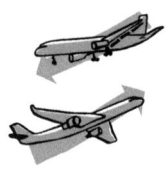

המראה / נחיתה

vzlétnout / přistát

עיר

město

כפר

vesnice

מרכז העיר

střed města

בית

dům

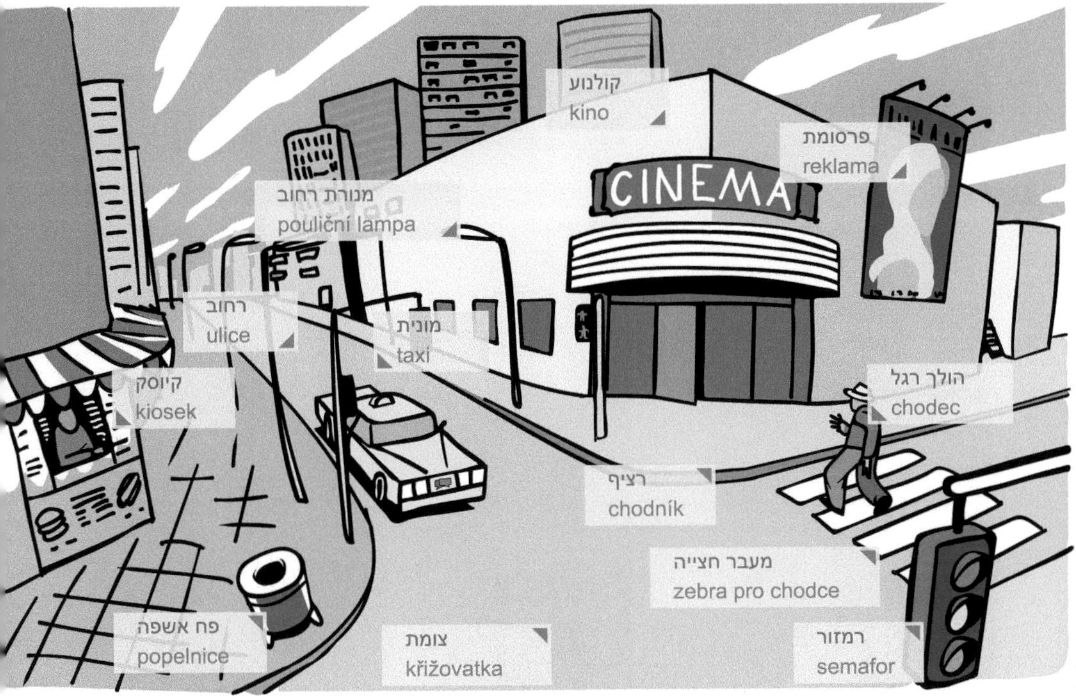

קולנוע
kino

פרסומת
reklama

מנורת רחוב
pouliční lampa

CINEMA

רחוב
ulice

מונית
taxi

הולך רגל
chodec

קיוסק
kiosek

רציף
chodník

מעבר חצייה
zebra pro chodce

פח אשפה
popelnice

צומת
křižovatka

רמזור
semafor

בקתה
chata

דירה
byt

תחנת רכבת
vlakové nádraží

עירייה
radnice

מוזיאון
muzeum

בית ספר
škola

אוניברסיטה

univerzita

בנק

banka

בית חולים

nemocnice

מלון

hotel

בית מרקחת

lékárna

משרד

kancelář

חנות ספרים

knihkupectví

חנות

obchod

חנות פרחים

květinářství

סופרמרקט

supermarket

שוק

tržnice

כל-בו

obchodní dům

מוכר דגים

rybárna

קניון

nákupní centrum

נמל

přístav

פארק

park

ספסל

lavička

גשר

most

מדרגות

schody

רכבת תחתית

metro

מנהרה

tunel

תחנת אוטובוס

autobusová zastávka

בר

bar

מסעדה

restaurace

תא דואר

poštovní schránka

שלט רחוב

pouliční tabule

מדחן

parkovací hodiny

גן חיות

zoo

בריכת שחיה

plovárna

מסגד

mešita

חווה
usedlost

זיהום
znečišťování životního prostředí

בית עלמין
hřbitov

כנסייה
církev

מגרש משחקים
hřiště

בית מקדש
chrám

נוף
krajina

עלה
list

תמרור
rozcestník

דרך
cesta

מרעה
louka

אבן
kámen

עץ
strom

מטייל
turista

נהר
řeka

דשא
tráva

פרח
květina

בקעה
údolí

הר
hora

אגם
jezero

יער
les

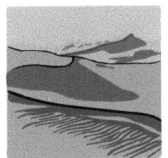

מדבר
poušť

הר געש
sopka

טירה
zámek

קשת בענן
duha

פטריה
houba

דקל
palma

יתוש
komár

זבוב
moucha

נמלה
mravenec

דבורה
včela

עכביש
pavouk

חיפושית

brouk

צפרדע

žába

סנאי

veverka

קיפוד

ježek

ארנב

zajíc

ינשוף

sova

ציפור

pták

ברבור

labuť

חזיר בר

divoké prase

צבי

jelen

אייל הקורא

los

סכר

přehrada

טורבינת רוח

větrné kolo

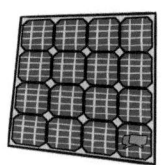

פנל סולארי

solární panel

אקלים

podnebí

מסעדה
restaurace

מלצר
číšník
תפריט
jídelní lístek
כסא
židle
מרק
polévka
פיצה
pizza
סכו"ם
příbor
מפת שולחן
ubrus

מנת פתיחה

předkrm

מנה עיקרית

hlavní chod

קינוח

dezert

שתיות

nápoje

אוכל

jídlo

בקבוק

láhev

מזון מהיר

rychlé občerstvení

אוכל רחוב

pouliční občerstvení

קנקן תה

čajová konvice

מסכרת

cukřenka

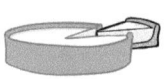

מנה

porce

מכונת אספרסו

kávovar na espresso

כסא תינוק

dětská stolička

חשבון

faktura

מגש

tác

סכין

nůž

מזלג

vidlička

כף

lžíce

כפית

čajová lyžička

מפית

ubrousek

כוס

sklenička

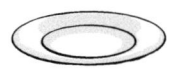

צלחת

talíř

קערת מרק

talíř na polévku

תחתית

podšálek

רוטב

omáčka

מלחייה

slánka

מטחנת פלפל

mlýnek na pepř

חומץ

ocet

שמן

olej

תבלינים

koření

קטשופ

kečup

חרדל

hořčice

מיונז

majonéza

סופרמרקט

supermarket

מבצע
nabídka
FOR
לקוח
zákazník
מוצרי חלב
mléčné výrobky
פירות
ovoce
עגלת קניות
nákupní vozík

אטליז

masna

מאפייה

pekařství

שקל

vážit

ירקות

zelenina

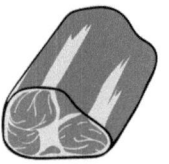

בשר

maso

מזון קפוא

mražené potraviny

בשר קר

obložený talíř

שימורים

konzervy

אבקת כביסה

prací prášek

ממתקים

cukrovinky

מוצרי בית

výrobky pro domácnost

חומר ניקוי

čisticí prostředek

מוכרת

prodavačka

קופה

pokladna

קופאי

pokladní

רשימת קניות

nákupní seznam

שעות פתיחה

otevírací doba

ארנק

peněženka

כרטיס אשראי

kreditní karta

תיק

taška

שקית נילון

igelitová taška

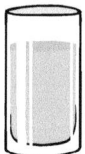

שתיות
nápoje

מים

voda

מיץ

džus

חלב

mléko

קולה

kola

יין

víno

בירה

pivo

אלכוהול

alkohol

קקאו

kakao

תה

čaj

קפה

káva

אספרסו

espresso

קפוצ'ינו

kapučíno

אוכל
jídlo

בננה

banán

תפוח

jablko

תפוז

pomeranč

אבטיח

meloun

לימון

citrón

גזר

mrkev

שום

česnek

במבוק

bambus

בצל

cibule

פטריות

houba

אגוזים

ořechy

אטריות

těstoviny

ספגטי

špageti

אורז

rýže

סלט

salát

צ'יפס

hranolky

צ'יפס

americké brambory

פיצה

pizza

המבורגר

hamburger

כריך

sendvič

שניצל

řízek

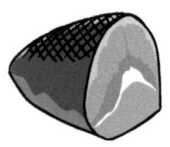

שינקין

šunka

סלאמי

salám

נקניקיה

salám

עוף

kuře

טיגון

pečeně

דג

ryby

שיבולת שועל

ovesné vločky

מוזלי

müsli

קורנפלקס

vločky

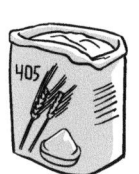

קמח

mouka

קרואסון

croissant

לחמנייה

houska

לחם

chléb

טוסט

toast

עוגיות

sušenky

חמאה

máslo

גבינה לבנה

tvaroh

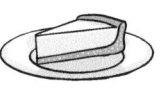

עוגה

buchta

ביצה

vejce

ביצת עין

volské oko

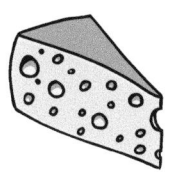

גבינה

sýr

דבש

med

סוכר

cukr

גלידה

zmrzlina

קארי

kari

ממרח נוגט

nugátový krém

ריבה

marmeláda

חווה
usedlost

selské stavení
אסם
stodola
חבילת שחת
balík slámy
שדה
pole
סוס
kůň
עגלת נגרר
přívěs
טרקטור
traktor
סייח
hříbě
חמור
osel
כבש
ovce
טלה
jehně

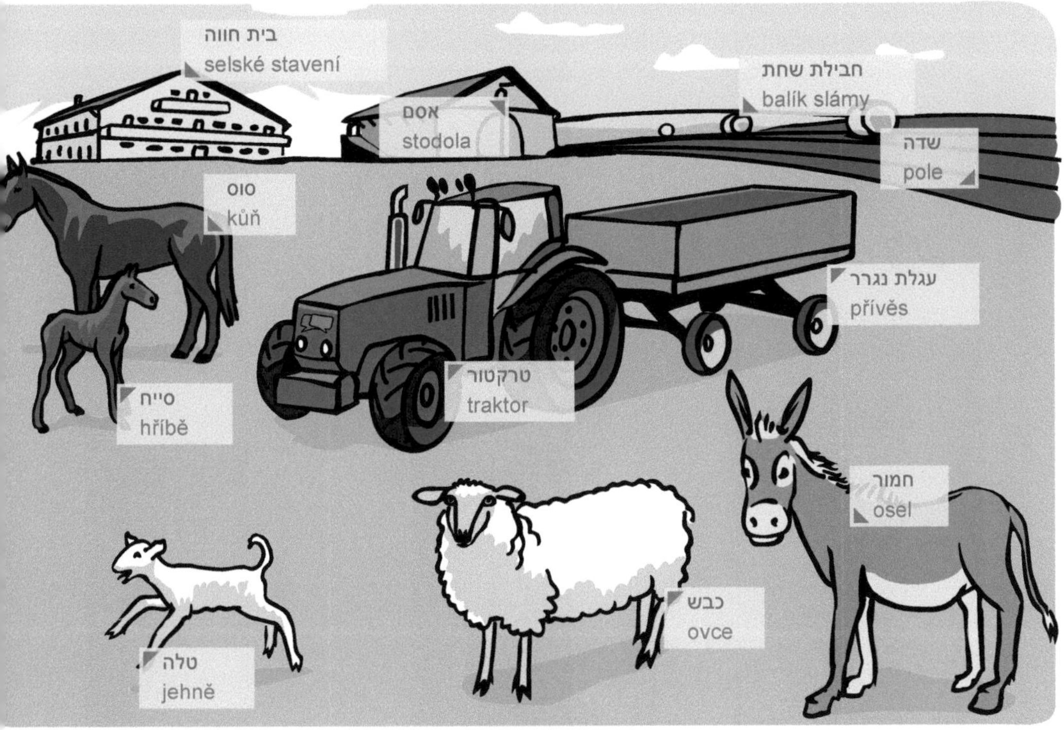

עז
koza

פרה
kráva

עגל
tele

חזיר
prase

חזרזיר
sele

שור
býk

אווז

husa

ברווז

kachna

אפרוח

kuře

תרנגולת

slepice

תרנגול

kohout

חולדה

krysa

חתול

kočka

עכבר

myš

שור

vůl

כלב

pes

מלונה

psí bouda

צינור השקיה

zahradní hadice

קנקן מים

kropicí konev

חרמש

kosa

מחרשה

pluh

מגל

srp

מגרפה

motyka

קלשון

vidle

גרזן

sekera

מריצה

kolecko

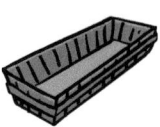

שוקת

koryto

כד חלב

konev na mléko

שק

pytel

גדר

plot

אורווה

stáj

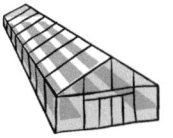

חממה

skleník

אדמה

půda

זרע

osivo

דשן

hnojivo

מקצרה

kombajn

קצר

sklidit

קציר

sklizeň

בטטה אפריקנית

smldinec

חיטה

pšenice

סויה

sója

תפוח אדמה

brambora

תירס

kukuřice

קנולה

řepka

עץ פירות

ovocný strom

קסבה

maniok

דגנים

obilí

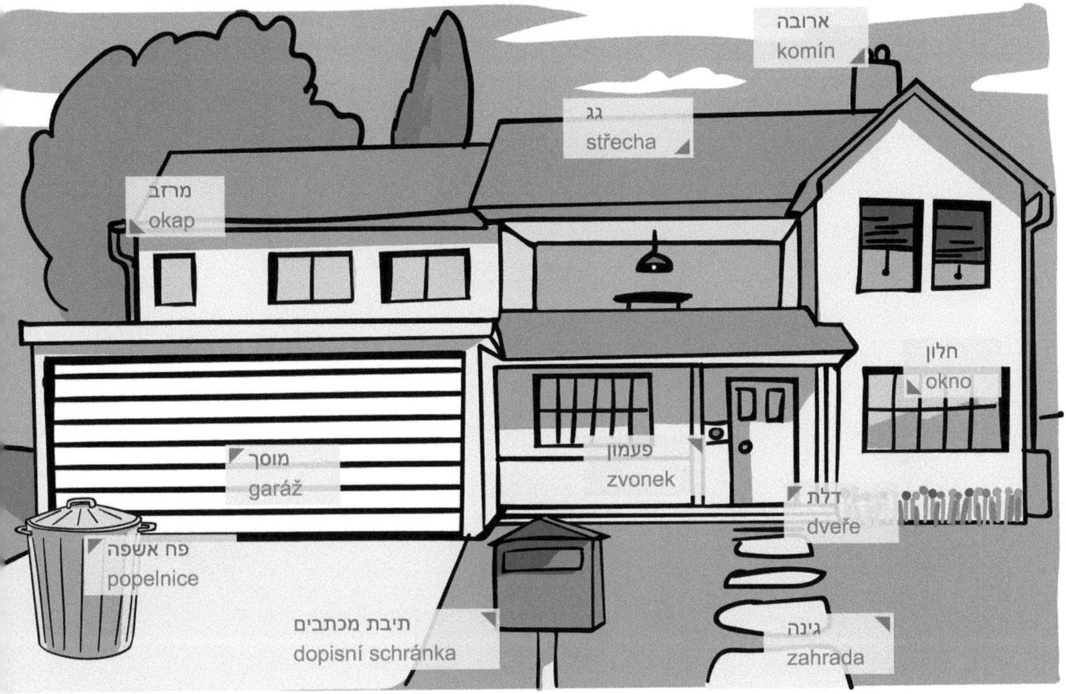

ארובה
komín

גג
střecha

מרזב
okap

חלון
okno

מוסך
garáž

פעמון
zvonek

דלת
dveře

פח אשפה
popelnice

תיבת מכתבים
dopisní schránka

גינה
zahrada

סלון
obývací pokoj

חדר אמבטיה
koupelna

מטבח
kuchyně

חדר שינה
ložnice

חדר ילדים
dětský pokoj

חדר אוכל
jídelna

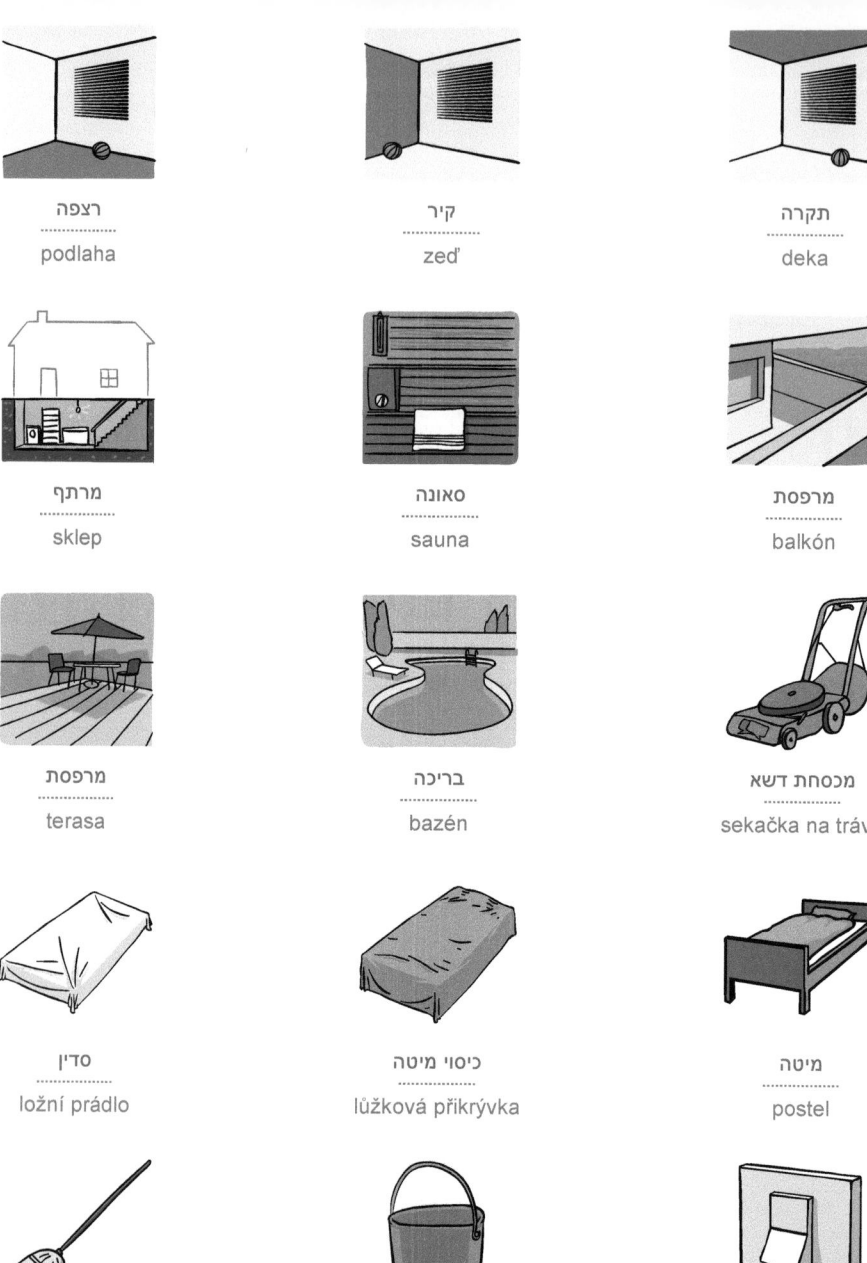

רצפה
podlaha

קיר
zeď

תקרה
deka

מרתף
sklep

סאונה
sauna

מרפסת
balkón

מרפסת
terasa

בריכה
bazén

מכסחת דשא
sekačka na trávu

סדין
ložní prádlo

כיסוי מיטה
lůžková přikrývka

מיטה
postel

מטאטא
smeták

דלי
kýbl

מפסק
vypínač

סלון
obývací pokoj

טפט
tapeta
תמונה
obrázek
מנורה
žárovka
מדף
police
ארון
skříň
טלוויזיה
televizor
אח
komín
פרח
květina
כרית
polštář
ספה
gauč
אגרטל
váza
שלט רחוק
dálkový ovladač

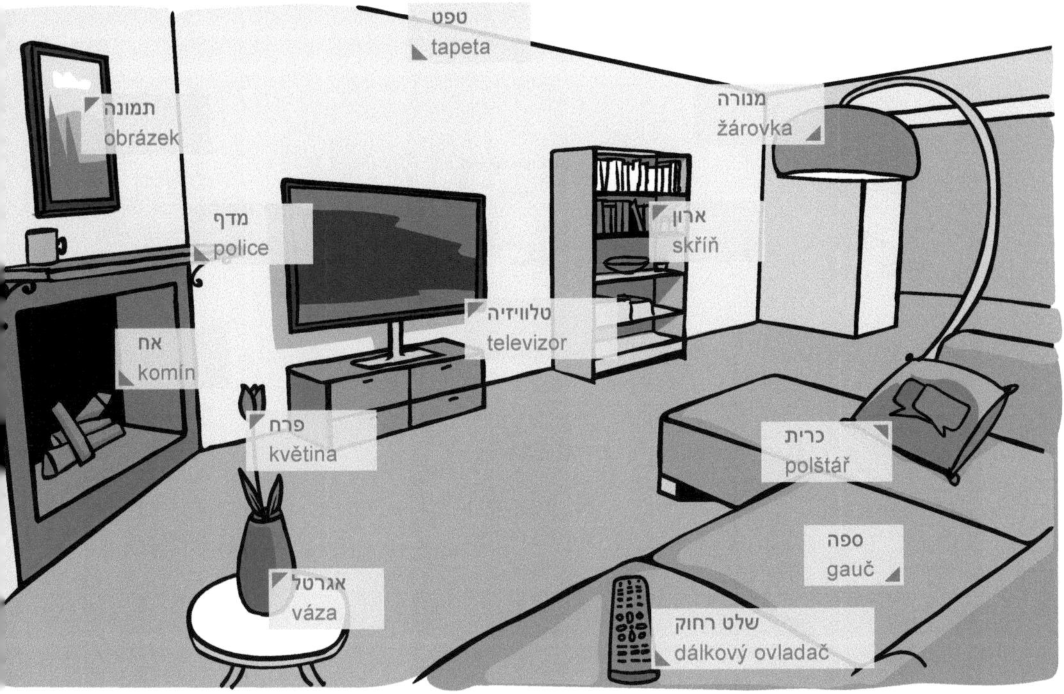

שטיח

koberec

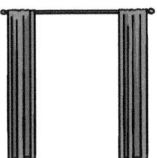

וילון

závěs

שולחן

stůl

כסא

židle

כיסא נדנדה

houpací křeslo

כורסה

křeslo

ספר

kniha

שמיכה

strop

דקורציה

ozdoba

עצי הסקה

palivové dříví

סרט

film

מערכת סטריאו

stereo souprava

מפתח

klíč

עיתון

noviny

ציור

malba

פוסטר

plakát

רדיו

rádio

מחברת

poznámkový blok

שואב אבק

vysavač

קקטוס

kaktus

נר

svíce

מטבח
kuchyně

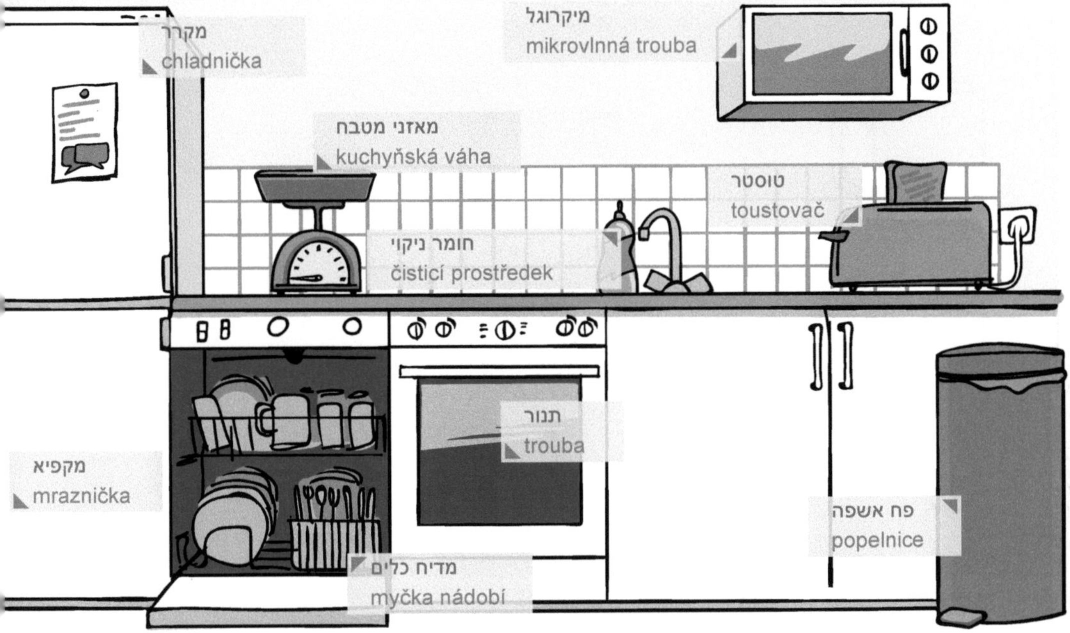
מקרר
chladnička
מיקרוגל
mikrovlnná trouba
מאזני מטבח
kuchyňská váha
טוסטר
toustovač
חומר ניקוי
čisticí prostředek
תנור
trouba
מקפיא
mraznička
פח אשפה
popelnice
מדיח כלים
myčka nádobí

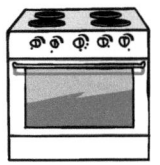

תנור

sporák

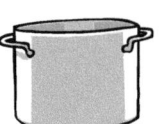

סיר

hrnec

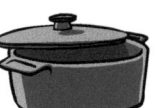

סיר ברזל

litinový hrnec

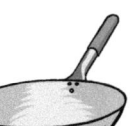

ווק

wok / kadai

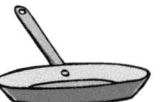

מחבת

pánev

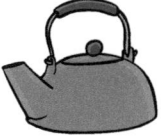

קומקום חשמלי

varná konvice

מאדה

parní hrnec

מגש אפייה

plech na pečení

כלי אוכל

nádobí

ספל

hrnek

קערה

miska

צ'ופסטיקס

jídelní hůlky

מצקת

naběračka

מרית

obracečka

מטרפה

metla

מסננת בישול

síto

מסננת

cedník

מגרדת

struhadlo

מכתש

hmoždíř

גריל

gril

מדורה

ohniště

קרש חיתוך

prkénko na krájení

מערוך

váleček na těsto

פותחן פקקים

vývrtka

פחית

dóza

פותחן קופסאות

otvírák na konzervy

מטלית

chňapka

כיור

umyvadlo

מברשת

kartáč na nádobí

ספוג

houba

בלנדר

mixér

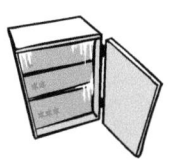

מקפיא

mrazák

בקבוק לתינוק

dětská lahev

ברז

kohoutek

חדר אמבטיה
koupelna

חימום
topení
מגבת
ručník
מקלחת
sprcha
וילון מקלחת
sprchový závěs
אמבטיית קצף
pěnová koupel
אמבטיה
vana
כוס
sklenička
מכונת כביסה
pračka
ברז
kohoutek
אריחים
obkladačky
סיר לילה
nočník
כיור
umyvadlo

אסלה
záchod

אסלת כריעה
turecký záchod

בידה
bidet

משתנה
pisoár

נייר טואלט
toaletní papír

מברשת אסלה
záchodová štětka

מברשת שיניים

zubní kartáček

משחת שיניים

zubní pasta

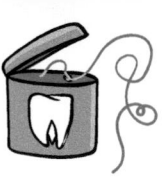

חוט דנטלי

zubní niť

שטף

mýt

מקלחת יד

ruční sprcha

צינור שטיפה לשירותים

intimní sprcha

קערת רחצה

umyvadlo

מברשת גב

kartáč na záda

סבון

mýdlo

ג'ל רחצה

sprchový gel

שמפו

šampón

ליפה

žínka

ניקוז

odpad

קרם

krém

דיאודורנט

deodorant

מראה

zrcadlo

מראת יד

kosmetické zrcátko

סכין גילוח

holicí strojek

קצף גילוח

pěna na holení

אפטרשייב

voda po holení

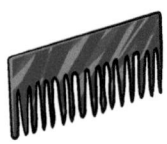

מסרק

hřeben

מברשת

kartáč

מייבש שיעור

fén

ספריי לשיער

lak na vlasy

איפור

makeup

שפתון

rtěnka

לק

lak na nehty

צמר גפן

vata

מספריים לציפורניים

nůžky na nehty

בושם

parfém

תיק כלי רחצה

taška s toaletními potřebami

שרפרף

stolička

משקל

váha

חלוק רחצה

župan

כפפות גומי

gumové rukavice

טמפון

tampón

תחבושת סניטרית

dámská vložka

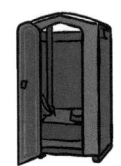

שירותים כימיקליים

chemická toaleta

חדר ילדים
dětský pokoj

שעון מעורר
budík
צעצוע חיבוק
plyšová hračka
מכונית צעצוע
autíčko
רעשן
chrastítko
בית בובות
domeček pro panenky
מתנה
dárek

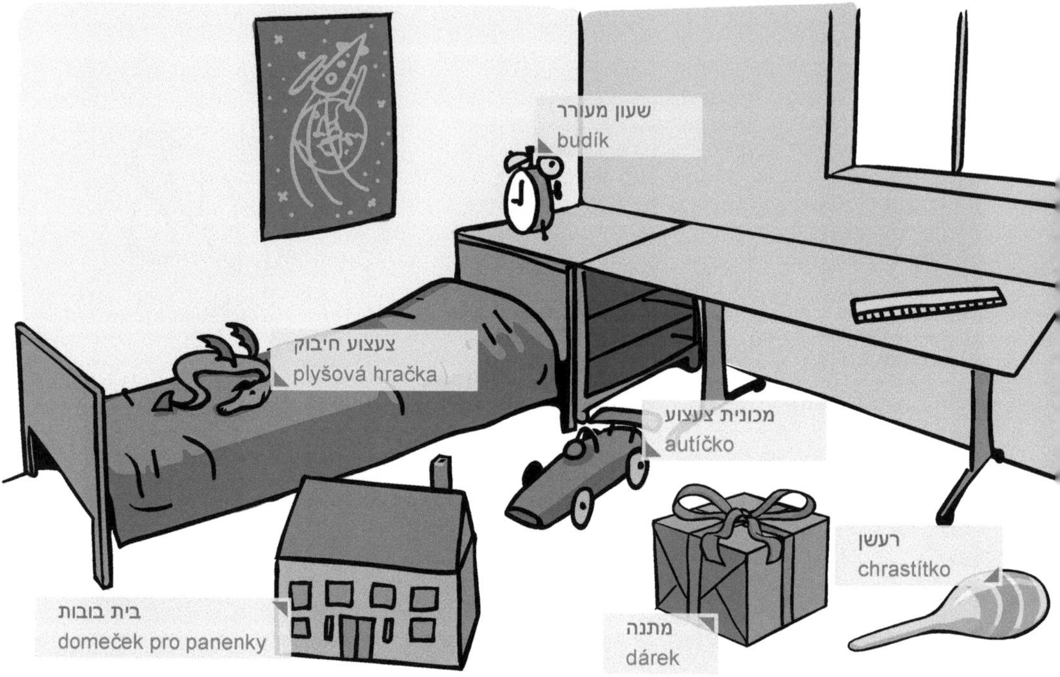

בלון

balón

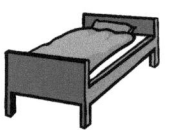

מיטה

postel

עגלה

kočárek

משחק קלפים

balíček karet

פאזל

puzzle

קומיקס

komiks

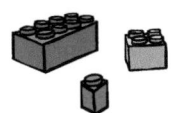

לגו

lego kostky

קוביות משחק

stavebnice

דמות משחק

akční figurka

סרבל תינוקות

dupačky

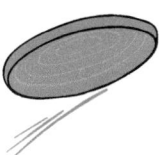

פריזבי

frisbee

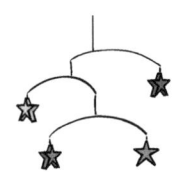

נייד

závěsné hračky nad
postýlku

משחק לוח

desková hra

קוביה

kostky

רכבת צעצוע

modelová železnice

מוצץ

dudlík

מסיבה

oslava

אלבום תמונות

obrázková kniha

כדור

míč

בובה

panenka

שיחק

hrát si

ארגז חול
pískoviště

נדנדה
houpačka

צעצועים
hračky

קונסולת משחקים
hrací konzole

אופניים תלת גלגלי
tříkolka

דובון
medvídek

ארון בגדים
šatník

בגדים

oblečení

גרביים
ponožky

גרביונים
punčochy

גרביון
punčochové kalhoty

צעיף
šála

מטריה
deštník

חולצת טי
tričko

חגורה
pásek

מגפיים
kozačky

נעלי בית
domácí obuv

נעלי ספורט
tenisky

סנדלים
sandály

נעליים
obuv

מגפי גומי
holínky

תחתונים
spodní prádlo

חזייה
podprsenka

וסט
nátělník

גוף

body

מכנסיים

kalhoty

ג'ינס

džíny

חצאית

sukně

חולצה מכופתרת

blůza

חולצה

košile

אפודה

svetr

סווצ'ר עם קפוצ'ון

mikina

בלייזר

blejzr

ז'קט

bunda

מעיל

kabát

מעיל גשם

pláštěnka

תלבושת

kostým

שמלה

šaty

שמלת כלה

svatební šaty

חליפה
oblek

כותונת לילה
noční košile

פיג'מה
pyžamo

סארי
sárí

מטפחת ראש
šátek na hlavu

טורבן
turban

בורקה
burka

קאפטן
kaftan

עבאיה
abája

בגד ים
plavky

בגד ים
pánské plavky

מכנסיים קצרים
kraťasy

בגד אימון
tepláková souprava

סינר
zástěra

כפפות
rukavice

כפתור

knoflík

משקפיים

brýle

צמיד יד

náramek

שרשרת

náhrdelník

טבעת

prsten

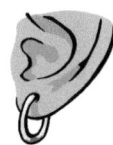

עגיל

náušnice

כובע

čepice

קולב

ramínko

כובע

klobouk

עניבה

kravata

רוכסן

zip

קסדה

helma

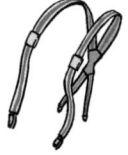

כתפיות

kšandy

תלבושת בית ספר

školní uniforma

מדים

uniforma

מפית אוכל
bryndák

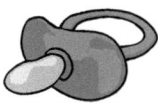

מוצץ
dudlík

חיתול
plena

משרד

kancelář

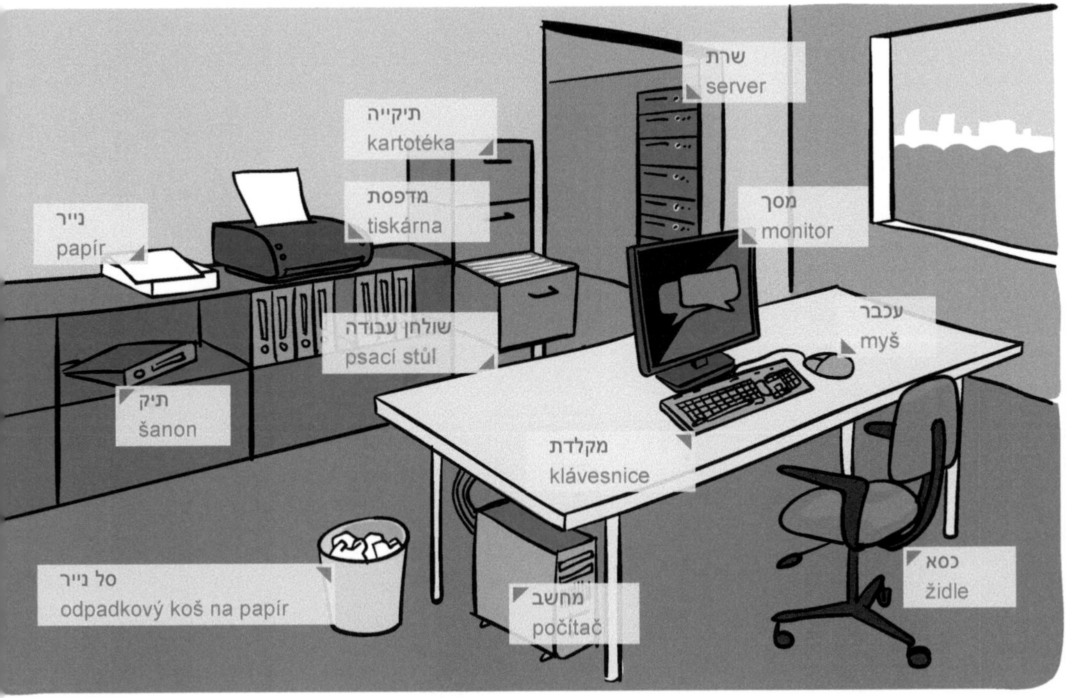

שרת
server

תיקייה
kartotéka

מדפסת
tiskárna

נייר
papír

מסך
monitor

שולחן עבודה
psací stůl

עכבר
myš

תיק
šanon

מקלדת
klávesnice

סל נייר
odpadkový koš na papír

מחשב
počítač

כסא
židle

ספל קפה
hrnek na kávu

מחשבון
kalkulačka

אינטרנט
internet

מחשב נייד
notebook

מכתב
dopis

הודעה
zpráva

נייד
mobil

רשת
síť

מכונת צילום
kopírka

תוכנה
software

טלפון
telefon

שקע
zásuvka

פקס
fax

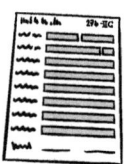

טופס
formulář

מסמך
dokument

קנה
nakupovat

שילם
zaplatit

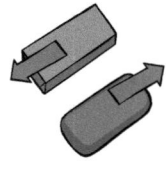

סחר
jednat

כסף
peníze

דולר
dolar

יורו
euro

ין
jen

רובל
rubl

פרנק שווייצרי
frank

CNY

יואן רנמינבי
juan

INR

רופי
rupie

כספומט
bankomat

המרת מטבע

směnárna

זהב

zlato

כסף

stříbro

נפט

olej

אנרגיה

energie

מחיר

cena

חוזה

smlouva

מס

daň

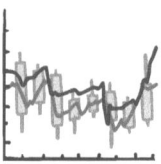

מנייה

akcie

עבד

pracovat

עובד

zaměstnanec

מעסיק

zaměstnavatel

מפעל

továrna

חנות

obchod

שוטר
policista

כבאי
hasič

טייס
pilot

טבח
kuchař

רופא
lékař

גנן
zahradník

נגר
truhlář

תופרת
švadlena

שופט
soudce

כימאי
chemik

שחקן
herec

נהג אוטובוס

řidič autobusu

נהג מונית

řidič taxi

דייג

rybář

עובדת נקיון

uklízečka

מתקן גגות

pokrývač

מלצר

číšník

צייד

myslivec

צייר

malíř

אופה

pekař

חשמלאי

elektrikář

עובד בניין

stavební dělník

מהנדס

inženýr

קצב

řezník

אינסטלטור

klempíř

דוור

listonoš

חייל

voják

אדריכל

architekt

קופאי

pokladní

מוכר פרחים

florista

ספר

kadeřník

כרטיסן

průvodčí

מכונאי

mechanik

קברניט

kapitán

רופא שיניים

zubař

מדען

vědec

רב

rabín

אימאם

imám

נזיר

mnich

כומר

duchovní

כלי עבודה
nářadí

פטיש
kladivo
מברג
šroubovák
צבת
kleště
מפתח ברגים
klíč
פנס
kapesní svítilna

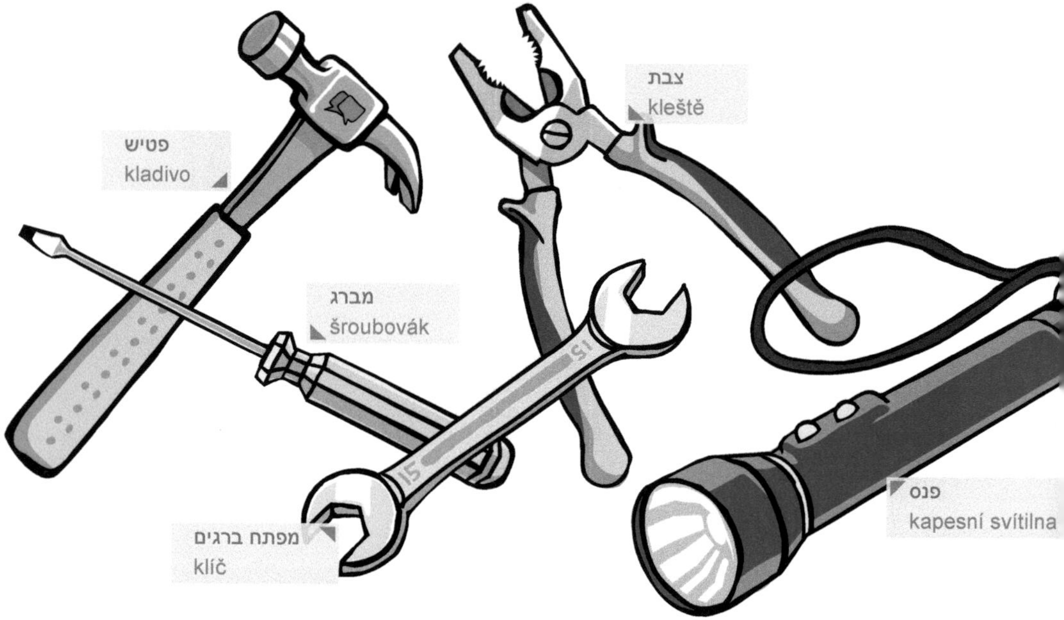

דחפור

bagr

ארגז כלים

skříň na nářadí

סולם

žebřík

מסור

pila

מסמרים

hřebíky

מקדחה

vrtačka

תיקן

opravit

את חפירה

lopata

לעזאזל!

Kurva!

יעה

lopatka

פח צבע

vědroé na barvu

ברגים

šrouby

כלי נגינה
hudební nástroje

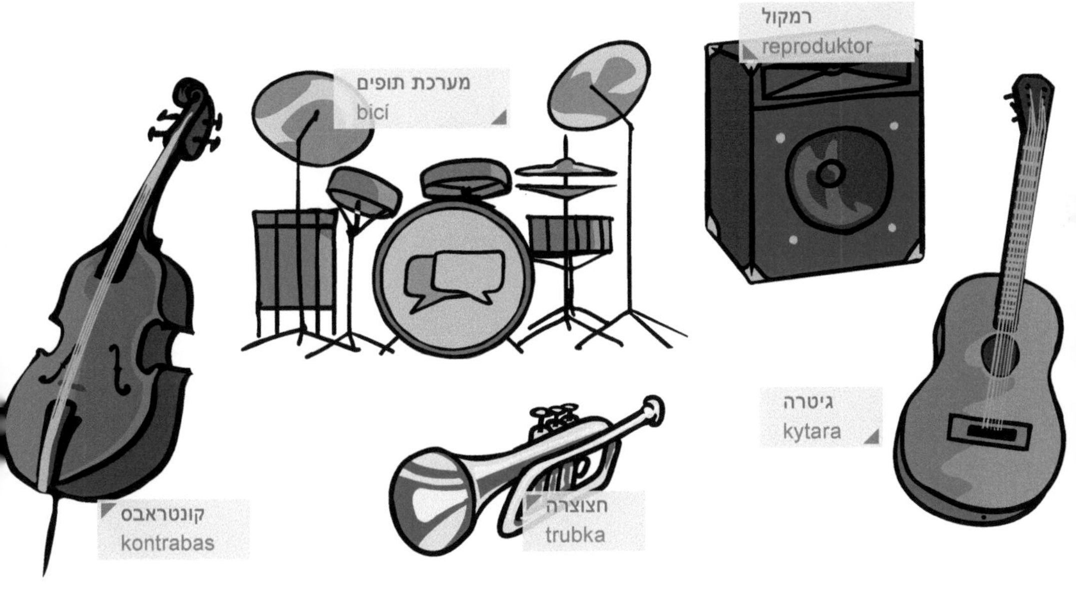

רמקול
reproduktor
מערכת תופים
bicí
גיטרה
kytara
קונטראבס
kontrabas
חצוצרה
trubka

פסנתר

klavír

כינור

housle

בס

basa

תוף הדוד

tympán

תופים

bubny

מקלדת פסנתר

keyboard

סקסופון

saxofon

חליל

flétna

מיקרופון

mikrofon

גן חיות

ZOO

כניסה
vstup
נמר
tygr
כלוב
klec
זברה
zebra
מזון לחיות
krmivo pro zvířata
פנדה
panda

בעלי חיים

zvířata

פיל

slon

קנגרו

klokan

קרנף

nosorožec

גורילה

gorila

דוב

medvěd

גמל

velbloud

יען

pštros

אריה

lev

קוף

opice

פלמינגו

plameňák

תוכי

papoušek

דוב הקרח

lední medvěd

פינגווין

tučňák

כריש

žralok

טווס

páv

נחש

had

תנין

krokodýl

שומר גן החיות

ošetřovatel zvířat

כלב ים

tuleň

יגואר

jaguár

סוס פוני

poník

לאופרד

leopard

היפופוטאם

hroch

ג'ירפה

žirafa

נשר

orel

חזיר בר

divoké prase

דג

ryby

צב

želva

סוס ים

mrož

שועל

liška

איילה

gazela

ספורט
sport

פוטבול אמריקאי
americký fotbal
רכיבת אופניים
cyklistika
טניס
tenis
כדורסל
košíková
שחיה
plavání
הוקי
lední hokej
אגרוף
box

כדורגל

kopaná

בדמינטון

badminton

אתלטיקה

lehká atletika

כדור-יד

házená

עשה סקי

běh na lyžích

פולו

vodní pólo

פעילויות
aktivity

צחק
smát se
קפץ
skočit
חיבק
objímat
הלך
jít
שר
zpívat
חלם
snít
התפלל
modlit se
נשק
políbit

כתב

psát

צייר

kreslit

הראה

ukazovat

דחף

tlačit

נתן

dát

לקח

vzít si

יש / להיות הבעלים
mít

עשה
dělat

היה
být

עמד
stát

רץ
běhat

משך
táhnout

זרק
hodit

נפל
padat

שכב
ležet

חיכה
čekat

סחב
nosit

ישב
sedět

התלבש
oblékat

ישן
spát

התעורר
vzbudit se

הסתכל ב-

prohlédnout si

בכה

plakat

ליטף

pohladit

סירק

česat

דיבר

hovořit

הבין

rozumět

שאל

ptát se

שמע

slyšet

שתה

pít

אכל

jíst

סידר

uklidit

אהב

milovat

בישל

vařit

נהג

jet

עף

letět

שט

plachtit

חישב

počítat

קרא

číst

למד

učit se

עבד

pracovat

התחתן

vzít si

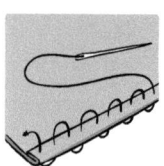

תפר

šít

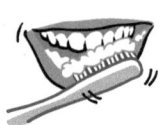

ציחצח שיניים

čistit si zuby

הרג

zabít

עישן

kouřit

שלח

poslat

משפחה
rodina

אורח

host

דודה

teta

דוד

strýc

אח

bratr

אחות

sestra

גוף
tělo

מצח
čelo
עין
oko
כתף
rameno
אצבע
prst
פנים
obličej
סנטר
brada
כף יד
ruka
רגל
dolní končetina
חזה
hruď
זרוע
paže

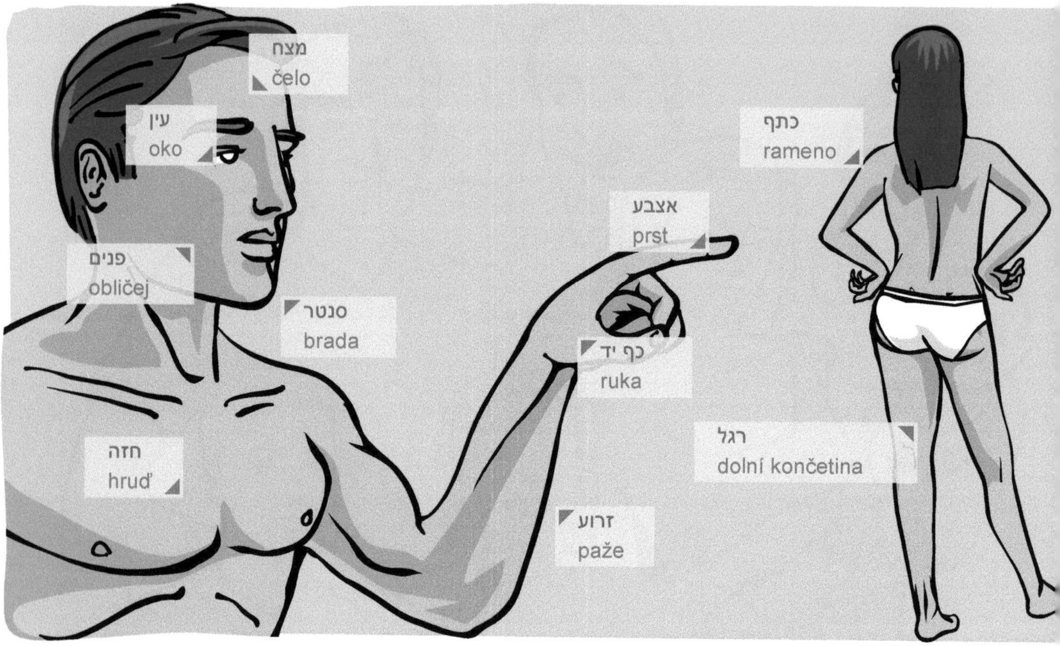

תינוק

dítě

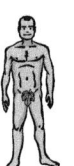

איש

muž

אישה

žena

ילדה

dívka

ילד

chlapec

ראש

hlava

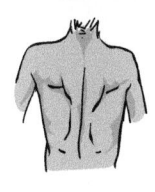

גב

záda

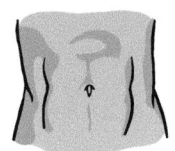

בטן

břicho

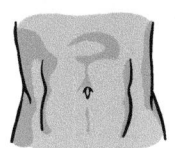

טבור

pupík

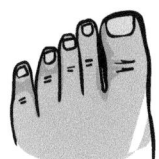

אצבע

prst na noze

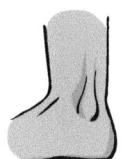

עקב

pata

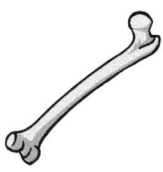

עצם

kost

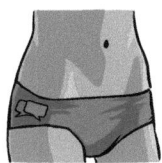

ירך

bok

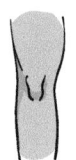

ברך

koleno

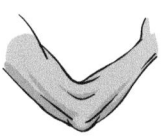

מרפק

loket

אף

nos

עכוז

zadek

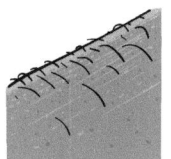

עור

kůže

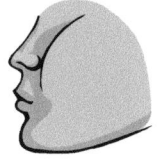

לחי

tvář

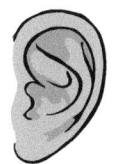

אוזן

ucho

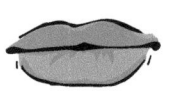

שפתיים

ret

פה

ústa

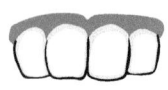

שן

zub

לשון

jazyk

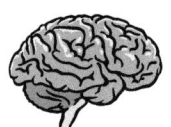

מוח

mozek

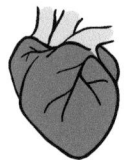

לב

srdce

שריר

sval

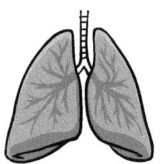

ריאה

plíce

כבד

játra

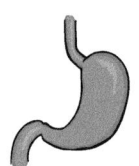

קיבה

žaludek

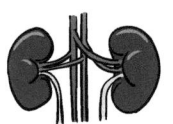

כליות

ledviny

מין

pohlavní styk

קונדום

kondom

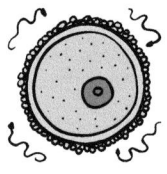

ביצית

vajíčko

זרע

sperma

הריון

těhotenství

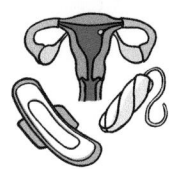

ווסת

menstruace

נרתיק

vagina

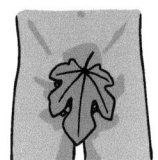

פין

penis

גבה

obočí

שיער

vlasy

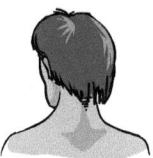

צוואר

krk

בית חולים
nemocnice

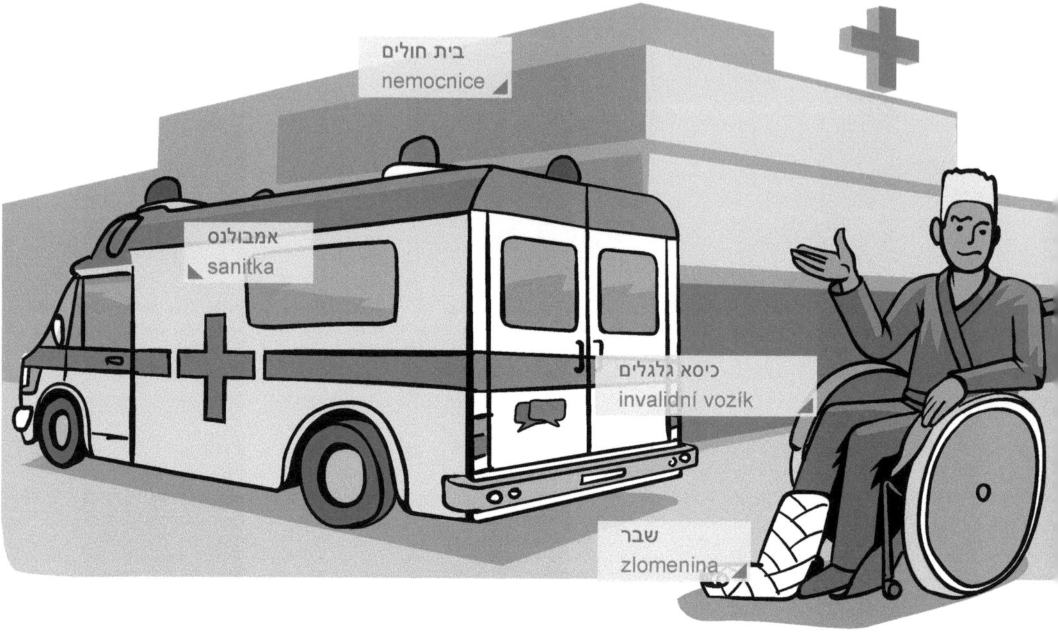

בית חולים
nemocnice
אמבולנס
sanitka
כיסא גלגלים
invalidní vozík
שבר
zlomenina

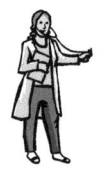

רופא
lékař

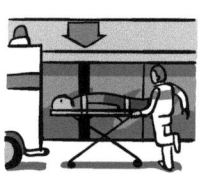

חדר מיון
pohotovost

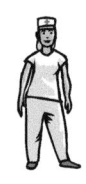

אחות
zdravotní sestra

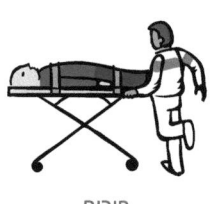

חירום
urgentní případ

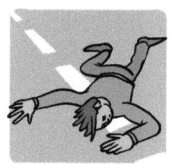

חסר הכרה
v bezvědomí

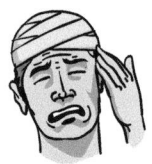

כאב
bolest

פציעה

úraz

דימום

krvácení

התקף לב

infarkt myokardu

שבץ

cévní mozková příhoda

אלרגיה

alergie

שיעול

kašel

חום

horečka

שפעת

chřipka

שלשול

průjem

כאב ראש

bolest hlavy

סרטן

rakovina

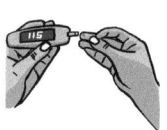

סוכרת

cukrovka

מנתח

chirurg

אזמל

skalpel

ניתוח

operace

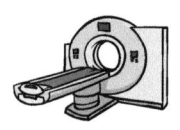

סי-טי

CT

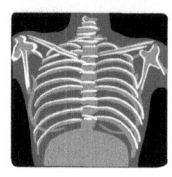

רנטגן

rentgen

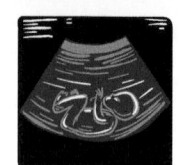

אולטרסאונד

ultrazvuk

מסיכת פנים

maska

מחלה

nemoc

חדר המתנה

čekárna

קבה

berle

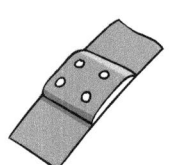

פלסטר

náplast

תחבושת

obvaz

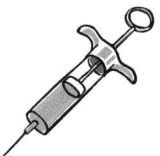

זריקה

injekce

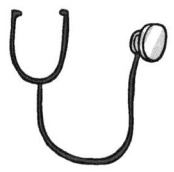

סטטוסקופ

stetoskop

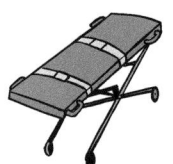

אלונקה

nosítka

מד חום

teploměr

לידה

porod

עודף משקל

nadváha

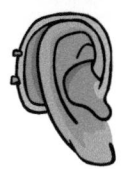

מכשיר שמיעה

naslouchátko

מחטא

dezinfekční prostředek

זיהום

infekce

נגיף

virus

איידס

HIV / AIDS

תרופה

lékařství

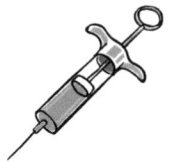

חיסון

očkování

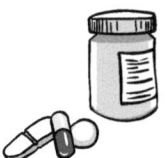

טבליות

tablety

גלולה

pilulka

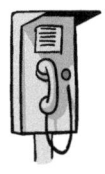

קריאת חירום

tísňové volání

מד לחץ דם

tonometr

חולה / בריא

nemocný / zdravý

חירום
urgentní případ

הצילו!
Pomoc!

אזעקה
poplach

פשיטה
přepadení

תקיפה
napadení

סכנה
nebezpečí

יציאת חירום
nouzový východ

אש!
Hoří!

מטף כיבוי
hasicí přístroj

תאונה
nehoda

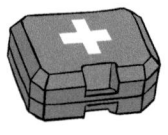

ערכת עזרה ראשונה
zdravotnická brašna

הצילו!
SOS

משטרה
policie

כדור הארץ
země

אירופה

Evropa

צפון אמריקה

Severní Amerika

דרום אמריקה

Jižní Amerika

אפריקה

Afrika

אסיה

Asie

אוסטרליה

Austrálie

האוקיינוס האטלנטי

Atlantik

האוקיינוס השקט

Pacifik

האוקיינוס ההודי

Indický oceán

האוקיינוס האנטרקטי

Jižní ledový oceán

האוקיינוס הארקטי

Severní ledový oceán

הקוטב הצפוני

severní pól

הקוטב הדרומי

jižní pól

אנטארקטיקה

Antarktida

כדור הארץ

země

אדמה

pevnina

ים

moře

אי

ostrov

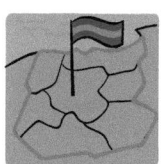

לאום

národ

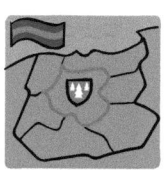

מדינה

stát

שעון
hodiny

פני השעון

ciferník

מחוג השעות

hodinová ručička

מחוג הדקות

minutová ručička

מחוג השניות

vteřinová ručička

?מה השעה

Kolik je hodin?

יום

den

זמן

čas

עכשיו

teď

שעון דיגיטלי

digitální hodinky

דקה

minuta

שעה

hodina

שבוע

týden

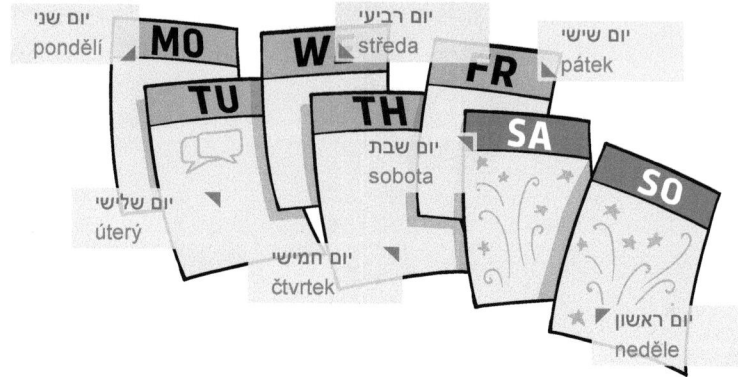

יום שני / pondělí — MO
יום שלישי / úterý — TU
יום רביעי / středa — W
יום חמישי / čtvrtek — TH
יום שבת / sobota — SA
יום שישי / pátek — FR
יום ראשון / neděle — SO

אתמול

včera

היום

dnes

מחר

zítra

בוקר

ráno

צהריים

poledne

ערב

večer

MO	TU	WE	TH	FR	SA	SU
1	2	3	4	5	6	7
8	9	10	11	12	13	14
15	16	17	18	19	20	21
22	23	24	25	26	27	28
29	30	31	1	2	3	4

ימי עבודה

pracovní dny

MO	TU	WE	TH	FR	SA	SU
1	2	3	4	5	6	7
8	9	10	11	12	13	14
15	16	17	18	19	20	21
22	23	24	25	26	27	28
29	30	31	1	2	3	4

סוף שבוע

víkend

שנה

rok

גשם
déšť
קשת בענן
duha
רוח
vítr
שלג
sníh
אביב
jaro
קיץ
léto
סתיו
podzim
חורף
zima

4.APRIL 11°
5.APRIL 4°
6.APRIL 13°
7.APRIL 8°
8.APRIL 10°

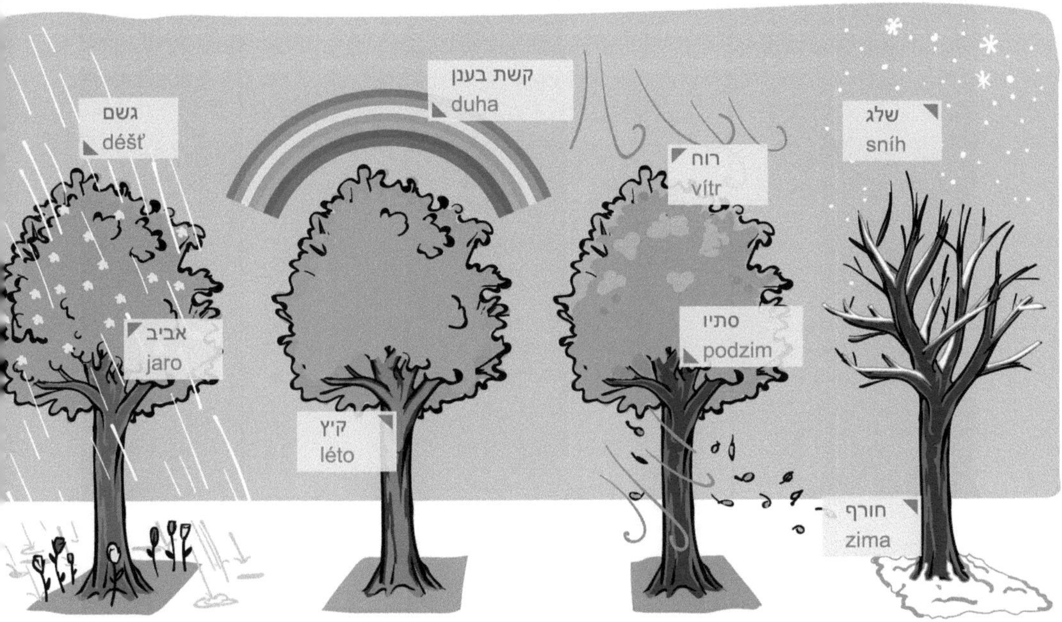

תחזית מזג האוויר

předpověď počasí

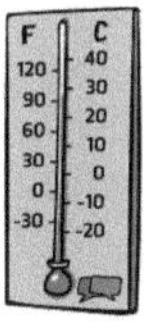

מד חום

teploměr

אור שמש

sluneční svit

ענן

mrak

ערפל

mlha

לחות

vlhkost

ברק

blesk

רעם

hrom

סערה

bouřka

ברד

kroupy

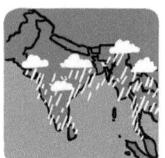

רוח עונתי

monzun

שיטפון

povodeň

קרח

led

ינואר

leden

פברואר

únor

מרץ

březen

אפריל

duben

מאי

květen

יוני

červen

יולי

červenec

אוגוסט

srpen

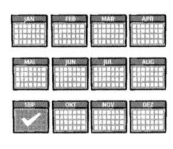

ספטמבר
....
září

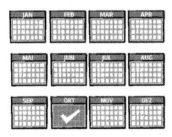

אוקטובר
....
říjen

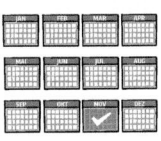

נובמבר
....
listopad

דצמבר
....
prosinec

צורות

tvary

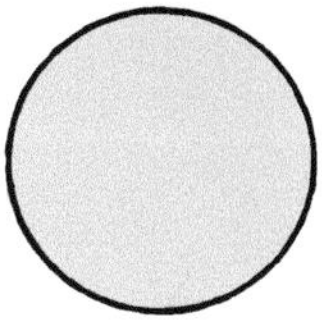

עיגול
....
kruh

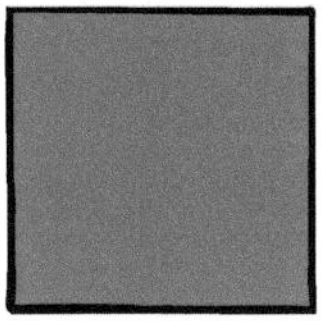

מרובע
....
čtverec

מלבן
....
obdélník

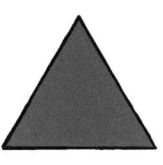

משולש
....
trojúhelník

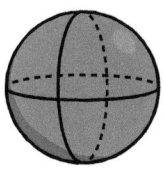

כדור
....
koule

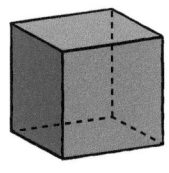

קובייה
....
krychle

צבעים
barvy

לבן

....

bílá

צהוב

....

žlutá

כתום

....

oranžová

ורוד

....

růžová

אדום

....

červená

סגול

....

fialová

כחול

....

modrá

ירוק

....

zelená

חום

....

hnědá

אפור

....

šedá

שחור

....

černá

הפכים
protiklady

הרבה / מעט

hodně / málo

כועס / רגוע

rozzuřený / mírumilovný

יפה / מכוער

krásný / ošklivý

התחלה / סוף

začátek / konec

גדול / קטן

velký / malý

בהיר / כהה

světlý / tmavý

אח / אחות

bratr / sestra

נקי / מלוכלך

čistý / špinavý

שלם / חלקי

úplný / neúplný

יום /לילה

den / noc

מת / חי

mrtvý / živý

רחב / צר

široký / úzký

אכיל / לא אכיל

jedlý / nejedlý

רשע / טוב לב

zlý / hodný

מתרגש / משועמם

vzrušený / znuděný

שמן / רזה

tlustý / hubený

ראשון / אחרון

nejdříve / naposledy

חבר / אויב

přítel / nepřítel

מלא / ריק

plný / prázdný

קשה / רך

tvrdý / měkký

כבד / קל

těžký / lehký

רעב / צמא

hlad / žízeň

חולה / בריא

nemocný / zdravý

בלתי-חוקי / חוקי

ilegální / legální

נבון / טיפש

inteligentní / hloupý

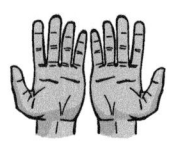

שמאל / ימין

vlevo / vpravo

קרוב / רחוק

blízko / daleko

חדש / משומש

nový / použitý

כלום / משהו

nic / něco

זקן / צעיר

starý / mladý

פעיל / כבוי

zapnutý / vypnutý

פתוח / סגור

otevřeno / zavřeno

שקט / רועש

tichý / hlasitý

עשיר / עני

bohatý / chudý

נכון / שגוי

správný / špatný

מחוספס / חלק

drsný / hladký

עצוב / שמח

smutný / šťastný

קצר / ארוך

krátký / dlouhý

איטי / מהיר

pomalý / rychlý

רטוב / יבש

vlhký / suchý

חם / קר

teplý / chladný

מלחמה / שלום

válka / mír

מספרים
čísla

0

אפס

nula

1

אחת

jedna

2

שתיים

dva

3

שלוש

tři

4

ארבע

čtyři

5

חמש

pět

6

שש

šest

7

שבע

sedm

8

שמונה

osm

9

תשע

devět

10

עשר

deset

11

אחת-עשרה

jedenáct

12
שתים-עשרה
dvanáct

13
שלוש-עשרה
třináct

14
ארבע-עשרה
čtrnáct

15
חמש-עשרה
patnáct

16
שש-עשרה
šestnáct

17
שבע-עשרה
sedmnáct

18
שמונה-עשרה
osmnáct

19
תשע-עשרה
devatenáct

20
עשרים
dvacet

100
מאה
sto

1.000
אלף
tisíc

1.000.000
מיליון
milion

שפות

jazyky

אנגלית

angličtina

אנגלית אמריקאית

americká angličtina

סינית מנדרינית

standardní čínština

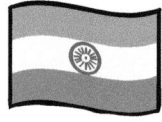

הודית

hindština

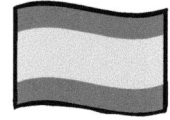

ספרדית

španělština

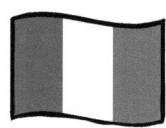

צרפתית

francouzština

ערבית

arabština

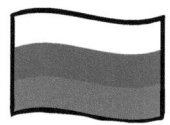

רוסית

ruština

פורטוגזית

portugalština

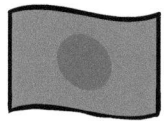

בנגלית

bengálština

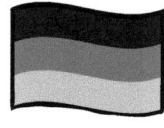

גרמנית

němčina

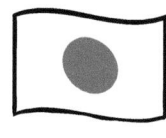

יפנית

japonština

מי / מה / איך
Kdo / co / jak

אני
já

אתה / את
ty

הוא / היא / זה
on / ona / ono

אנחנו
my

אתם
vy

הם
oni

מי?
Kdo?

מה?
Co?

איך?
Jak?

איפה?
Kde?

מתי?
Kdy?

שם
jméno

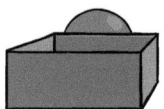

איפה
kde

לפני

z

בתוך

do

מאחור

za

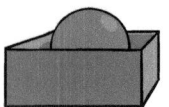

מתחת

mezi

על

na

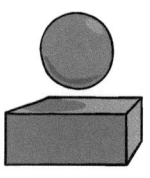

מעל

nad

מקום

místo

בין

mezi

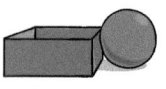

ליד

vedle